Die Wahrheit über

Autofahrer

männlich • weiblich • divers

Die Wahrheit über

Autofahrer

männlich • weiblich • divers

EDITION XXL

Einleitung

Autofahren – des einen Freud, des anderen Leid!

Ob Fahranfänger oder langjähriger Autofahrer – wir kennen es alle, dass die Straße voll zu sein scheint mit rüpelhaften Autofahrern. Es gibt natürlich auch diejenigen, die sich peinlich genau an die Vorschriften halten und dabei den ganzen Verkehr aufhalten! Kann man es uns eigentlich recht machen?

Mal ehrlich: Die meisten von uns halten sich wohl selbst für einen guten Autofahrer, während wir uns über die anderen Verkehrsteilnehmer aufregen. Es ist aber auch verlockend, denn es lässt sich nirgends so schön fluchen und schimpfen, wie wenn wir alleine hinter dem Steuer sitzen! Ist das gemein? Vielleicht! Aber es macht auf jeden Fall auch manchmal Spaß, den kleinen Teufel in sich zu entfesseln!

Ist Ihnen dabei auch schon einmal aufgefallen, dass viele Klischees wirklich zutreffen? Da ist zum Beispiel die Frau vorm Supermarkt, die es nicht in die riesige Parklücke schafft oder der Fahrer in dem großen Auto vor einem, der es

nicht für nötig hält, seinen Blinker zu setzen.*
Aber ganz egal, ob männlich, weiblich oder
divers ... hinter jedem von uns kann ein guter
oder schlechter Autofahrer stecken. In diesem
Buch bleibt niemand verschont – vielleicht
erkennen Sie sich sogar selbst wieder?

Aber wie heißt es so schön: Humor hat, wer
auch über sich selbst lachen kann!

Wir wünschen Ihnen viel Spaß beim Lesen!

*Ausnahmen bestätigen bekanntlich
die Regel!*

AUTOFAHRER-HOROSKOP

Sind Sie ein guter oder schlechter Autofahrer?
Was sagt Ihr Horoskop? Es heißt,
die Sterne lügen nicht!

WIDDER ...

... lieben es zu rasen und zu zeigen, wie schnell ihr Auto tatsächlich fährt. Fährt ihnen jemand zu langsam, rasten Widder regelrecht aus und brüllen in ihrem Auto. In der Formel 1 wären sie bestens aufgehoben.

STIERE ...

... sind eigentlich sehr gemütliche Fahrer. Sie können aber ab und zu sehr stur reagieren, wenn es darum geht, recht zu haben.

ZWILLINGE ...

... haben ein Talent fürs Multitasking und sind ebenfalls gute Autofahrer. Nur das Einparken erfordert bei ihnen regelmäßige Übung.

 ## STEINBÖCKE ...

... haben durch ihre Menschenkenntnis und Anpassungsfähigkeit das vorausschauende Fahren im Blut. Die Regeln im Straßenverkehr empfinden sie als angenehm, denn sie verleihen ihrem Fahrstil die Beständigkeit.

 ## WASSERMÄNNER ...

... haben ein gutes Verständnis für Technik und innere Zusammenhänge, was sie zu sehr angenehmen Verkehrsteilnehmern macht. Sie fallen gerne durch ihre bunt lackierten Autos auf.

 ## FISCHE ...

... fühlen sich nicht besonders wohl in ihrer Rolle als Fahrer. Die Verantwortung ist ihnen oft einfach zu groß. Da Fische zum Tagträumen neigen, verlieren sie bei langen Fahrten oft die Konzentration.

Beschwert sich der Fahrer
bei seiner Beifahrerin:
„Diese Fußgänger werden
auch immer dreister.
Das ist jetzt schon der zehnte,
dem ich ausweichen muss."
Antwortet die Beifahrerin:
„Vielleicht solltest du nicht
auf dem Gehweg fahren?"

Was haben Menschen mit E-Autos und
Menschen mit Durchfall gemeinsam?
Die Angst, es nicht nach Hause zu schaffen.

Ein Autofahrer gibt mit
seinem Neuwagen an:
„Für 30 000 Euro habe ich mir
dieses Elektroauto gekauft."
Darauf kommt die Rückfrage:
„30 000 für so ein kleines Auto?"
Antwortet der Besitzer kleinlaut:
„Eigentlich hat er nur 5000 Euro gekostet.
Die zusätzlichen Akkus und der
Transporter dazu waren so teuer."

11

Ich habe meinem Papa
immer geholfen, wenn er
das Auto repariert hat!
Ich kann jetzt perfekt den Motorraum
mit der Taschenlampe ausleuchten!

Eine Stunde Autofahren
verbrennt ca. 150 Kalorien.
Zack! Neue Lieblingssportart.

Es gibt Leute,
die fahren so langsam,
die werden gemalt
und nicht geblitzt.

P.S.
Ich liebe dich

gekauft.
Scheiß-Buch.
Hat überhaupt nichts
mit Autos zu tun.

Wenn die Frau Auto fährt,
verstellt sie Dinge im Auto,
von denen habe ich nicht mal gewusst,
dass sie existieren.

Unsere Eltern brauchten
unsere Namen nicht an ihr Auto kleben.
Man kannte uns!

Liebe Autofahrer,
diesen Hebel, der
das lustig blinkende Licht macht,
benutzt man übrigens,
um anderen anzuzeigen,
wo man hinfährt.

Flensburg ist wie Payback.
Ab 8 Punkten
gibt es ein Fahrrad.

Ich bin ein sehr BESONNENER ...

DU HAST DAS VERDAMMTE GASPEDAL BEZAHLT, ALSO BENUTZE ES AUCH, DU ELENDER KACKHAUFEN!

... AUTOFAHRER.

Ich blinke beim Abbiegen nie,
denn wohin ich fahre,
geht niemanden etwas an.

Verkehrskontrolle um 3 Uhr nachts:
„Guten Abend. Wohin fahren Sie?"
„Zu einem Vortrag über
Alkoholmissbrauch und die
schädliche Auswirkung eines
unregelmäßigen Schlafrhythmus."
„Wer hält denn um diese Zeit
einen Vortrag?"
„Meine Frau."

Der Reißverschlussverkehr
ist ein öffentlicher IQ-Test.
Leider fallen sehr viele durch,
weil sie nur Klettverschluss kennen.

Ich habe mir das Auto
meines Freundes geliehen
und ihm geschrieben,
dass ich Diesel tanke,
da Benzin ja immer so teuer ist:
10 verpasste Anrufe,
8 Nachrichten.

An den Autofahrer,
der mir grad fast in
den Kofferraum fährt,
obwohl ich schon
70 km/h in der
30er-Zone fahre:
„Mach mal
das Blaulicht aus ...
wirkt etwas affig!"

HIER WIRD BENZIN NOCH MIT LIEBE VERBRANNT!

Zwei Nonnen haben eine Autopanne.
Mangels Kanister holt die eine Nonne
in einem mitgeführten Nachttopf
Benzin von der Tankstelle.
Als sie den Tank daraus befüllt,
stoppt ein Autofahrer und meint:
„Ihr Gottvertrauen möchte ich haben!"

Dieser Moment, wenn der Autofahrer,
der dir den Stinkefinger zeigt,
36 Minuten später merkt,
dass du seine Examensprüferin bist.
Das ist Karma!

Überholen Sie ruhig.
Wir treffen uns
an der nächsten Ampel.

Ein Autobesitzer erkundigt sich
nach dem Zustand seines Wagens.
„Was ist mit dem Auto?"
„Seien Sie froh,
dass es kein Pferd ist."
„Wieso das denn?"
„Dann müssten wir es erschießen!"

ACH SO, NOCH EINE
INFO AN DIE POPELNDEN
AUTOFAHRER:
DIE SCHEIBEN SIND
VON BEIDEN SEITEN
DURCHSICHTIG!

AN ALLE AUTOFAHRER

**Ab jetzt werdet ihr immer
ein wütendes Gesicht sehen.**

Im dichten Nebel fährt ein Autofahrer
immer hinter den Rücklichtern
seines Vordermannes her.
Plötzlich bremst der Vordermann,
und es rumst.
„Was fällt Ihnen denn ein,
ohne Grund zu bremsen?"
„Ganz einfach. Ich bin zu Hause
und stehe in meiner Garage!"

Frauen parken nicht,
sie hören einfach auf zu fahren.

WIESO ...

... sollte ich zu Fuß gehen?
Ich habe doch vier gesunde Reifen.

... gibt es keine Frauen bei der Formel 1?
Weil die Boxengasse zu klein
zum Einparken ist.

... hat ein Mantafahrer
immer einen Strohballen
auf seinem Beifahrersitz?
Hauptsache blond.

... sollen Mantas jetzt nur noch
90 cm breit gebaut werden?
Damit der Mantafahrer auch rechts
den Arm raushängen kann.

ist das Auto total verbeult?
Ich würde sagen,
es hat verschiedenste Eindrücke
im Straßenverkehr gesammelt.

Herr Meier fährt mit seinem
alten Auto zum TÜV.
Dem Prüfer fällt ein erhebliches Manko auf.
„Ihr Tacho ist defekt.
Wie wollen Sie denn wissen,
wie schnell Sie fahren?"
„Die linke Tür wackelt bei 30 km/h,
bei 50 km/h zittert auch die rechte
und bei 70 km/h fangen
meine Zähne an zu wackeln!"

Ich bin gegen Rasen auf Autobahnen!
Wer soll denn den ganzen Mist mähen?

Wisst ihr, warum
der Chauffeur dem Politiker
zum Aussteigen aus dem Auto
immer die hintere Tür
aufmachen muss?
Wegen der Kindersicherung!

Man muss ja nicht immer rasen ...
aber manche Menschen fahren
so langsam mit dem Auto, dass
die Insekten von hinten
an die Heckscheibe aufschlagen.

Herzlich willkommen
auf der Erde, lieber Mondbewohner.

Ich nehme an, Sie leben
auf dem Mond, denn sonst
hätten Sie Ihr Auto
bestimmt nicht so geparkt!
EIN ERDENBÜRGER

Wenn ich beim Autofahren
einen Fehler mache: „Oh!"
Wenn der Fahrer vor mir
einen Fehler macht:
„Führerschein im Lotto
gewonnen oder was?"

Der Polizist stoppt einen Lastwagen.
„Jetzt sage ich Ihnen schon
zum siebten Mal,
dass Sie Ihre Ladung verlieren",
schimpft der Beamte.
Schnauzt der LKW-Fahrer zurück:
„Und jetzt sage ich Ihnen
zum siebten Mal,
dass dies ein Streuwagen ist!"

Was heißt **AUDI**?

Auch unter Deppen indiskutabel
Abfallprodukt unfähiger deutscher Ingenieure
Automobiler Unsinn deutscher Ingenieure
Alle Unfälle durch ihn

Was heißt **BMW**?

Bayrischer Mistwagen
Busen müssen wackeln
Bei Mercedes weggeschmissen
Bin maßlos wichtig

Was heißt **FIAT**?

Für Italiener ausreichende Technik
Fehler in allen Teilen
Ferrari in außergewöhnlicher Tarnung
Fahrende italienische Abfalltonne

Was heißt **KIA**?

Karre im Arsch
Koreakiste in Autoform

Was heißt **MANTA**?

Mit Allgemeinbildung nur teilweise ausgestattet
Mülleimer als notdürftiges Transportmittel
   ausgebaut

Was heißt MAZDA?
Mein Auto zieht der Abschleppdienst
Mist aus zehn deutschen Autos
Müll auf zwei drehenden Achsen

Was heißt OPEL?
Oh prima, er läuft
Offizieller Pfusch eines Lehrlings
Ohne Power, ewig Letzter

Was heißt SEAT?
Sehen, einsteigen, aussteigen, totlachen

Was heißt TESLA?
Tesla: entflammt sich leicht allein
Tolles Elektrospielzeug, leider arschteuer

Was heißt VW GOLF?
Völlig wertloser Gegenstand ohne
   logische Funktion

17% aller Unfälle werden von
betrunkenen Autofahrern verursacht.
Das bedeutet, dass 83% aller Unfälle
von nicht betrunkenen Autofahrern
verursacht werden.
Das ist erschreckend!
Warum können sich diese
nüchternen Idioten nicht
von der Straße fernhalten und
unsere Sicherheit um 400% steigern?

Wie nennt man einen Spanier ohne Auto?
Carlos.

„Liebling, willst du wirklich
unser Auto verkaufen?"
„Ja, Schatz",
antwortet der Ehemann,
„das Ding ist ein verbeulter Blechhaufen.
Jedesmal wenn ich irgendwo in der
Stadt parke, kommt ein Polizist und
fragt mich, ob ich den Unfall
schon gemeldet habe."

Polizist: „Ihren Führerschein bitte."
Ich: „Hab ich vergessen."
Polizist: „Vergessen? Zu Hause?"
Ich: „Nein, vergessen zu machen."

„Anhalten, Polizei!
Die Papiere bitte."
„Hier, bitte."
„Das ist ein Rinderzüchter-Ausweis."
„Sie sind ja auch Bulle!"
„Aussteigen!"

„Seid ihr Zwillinge?"
„Nein! Wieso?"
„Weil euch eure Mami die
gleichen Klamotten rausgelegt hat."
„Das ist eine Verkehrskontrolle!"

Ich verstehe echt nicht,
was mit der Polizei los ist.
Gestern haben sie mir den
Führerschein abgenommen
und heute soll ich ihn
schon wieder zeigen.

„Hallo Polizei, kommen Sie schnell,
man hat mich eben
an der Tankstelle ausgeraubt."
„Beschreiben Sie den Täter."
„Es war Zapfsäule Nummer 5."

„Polizeikontrolle!
Wo ist Ihr Verbandskasten?"
„Hat der Wachtmeister ein Aua?"
„Nehmen Sie mich auf den Arm?"
„Oh, so schlimm ist es?"

Polizei: „Was ist in der Flasche?"
Ich: „Wasser."
Polizei: „Das ist Wein!"
Ich: „Oh nein,
jetzt hat es Jesus
schon wieder getan."

Die Polizei fragt immer,
ob ich etwas getrunken habe.
Ob ich auch ausreichend esse,
interessiert die wohl gar nicht.

Tipp: Beim Fotomachen für
den Führerschein
möglichst betrunken sein.
Dann denkt die Polizei
bei einer Kontrolle,
dass man immer so aussieht.

Die Polizeikontrolle wäre
weitaus entspannter verlaufen,
hätte ich bei der Aufforderung:
„Bitte ins Röhrchen pusten!",
nicht das „R" überhört.

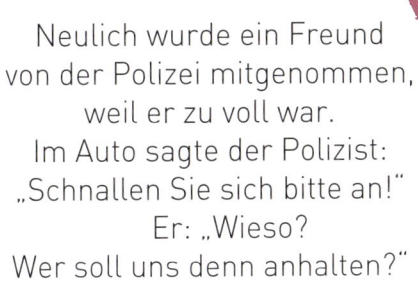

Neulich wurde ein Freund
von der Polizei mitgenommen,
weil er zu voll war.
Im Auto sagte der Polizist:
„Schnallen Sie sich bitte an!"
Er: „Wieso?
Wer soll uns denn anhalten?"

Sagt die Frau zwinkernd bei
der Polizeikontrolle:
„Ich dachte, Sie geben
hübschen Frauen keinen Strafzettel."
Antwortet der Polizist,
während er ihr den Strafzettel gibt:
„Das tun wir auch nicht."

„Polizeikontrolle!
Alkohol? Drogen?"
„Danke, nein!
Kaffee mit Milch bitte.
Kein Zucker."

Polizei: „Ihre Reifen sind
ganz schön abgefahren.“
Ich: „Danke, Ihr Blaulicht
fetzt aber auch ganz schön!“

Polizist: „Würden Sie sich bitte einem
freiwilligen Alkoholtest unterziehen?“
Autofahrer: „Gerne, in welcher
Kneipe fangen wir an?“

„Zwanzig Euro
gebührenpflichtige Verwarnung“,
sagt der Polizeibeamte
zum Metzgermeister,
„oder darf's ein wenig mehr sein?“

„Ihre Bremsen sind nicht in Ordnung!",
sagt der Polizist zu Herrn Möller.
„Das macht 30 Euro."
„Siehst du", strahlt Herr Möller
seine Frau an, „30 Euro!
Und dein Bruder wollte
für die Reparatur
80 Euro haben!"

Ein Mann wird von einem Polizisten
in einer Einbahnstraße angehalten
und der sagt:
„Sie sind grade in die falsche
Richtung gefahren!"
Der Mann erwidert:
„Das kann doch nicht sein,
Sie wissen doch gar nicht,
wo ich hin möchte."

Polizist: „Ist Ihr Auto
verkehrstauglich?"
Ich: „Klar, einfach die
Rückbank umklappen."
Polizist:
„Straßenverkehrstauglich!"

33

Ein Auto wird von
der Polizei angehalten:
„Herzlichen Glückwunsch,
Sie sind heute der 1000ste,
den wir kontrollieren.
Sie haben 1000 Euro gewonnen.
Was wollen Sie mit dem Geld machen?"
Der Fahrer: „Also erstmal
mache ich meinen Führerschein!"
Die Beifahrerin: „Hören Sie nicht
auf ihn, er ist völlig betrunken."
Der Opa auf der Rückbank:
„Ich wusste doch, dass wir
mit dem gestohlenen Auto
nicht weit kommen."
Eine Stimme aus dem Kofferraum:
„Sind wir schon über die Grenze?"

Erwin zu seinem Freund:
„Gestern ist mir was Dämliches passiert.
Ich stand an einer Ampel,
habe telefoniert und die Polizei
zu spät gesehen. Aus Reflex habe ich
mein Handy nach hinten geworfen."
„Und was war daran so dämlich?"
„Ich fahre ein Cabrio und
das Verdeck war offen ..."

Was macht ein Polizist, der im Lotto
1 Million Euro gewonnen hat?
Er kauft sich eine Kreuzung
und macht sich selbstständig.

Fahrzeugkontrolle.
„Ihr linkes Rücklicht brennt nicht",
belehrt der Polizist den Lastwagenfahrer.
Der steigt aus, geht nach hinten
und bleibt fassungslos bei seinem
Fahrzeug stehen. „Sehen Sie,
es funktioniert nicht",
wiederholt der Beamte freundlich.
„Zum Teufel mit dem Rücklicht",
schnauzt ihn der Kapitän
der Landstraße an. „Sagen Sie mir lieber,
wo mein Anhänger geblieben ist."

Wurde von der Polizei
angehalten und gefragt,
ob ich in den letzten 24 Stunden
Alkohol getrunken habe.
War nicht das Klügste,
erstmal auf die Uhr zu schauen.

Der Polizist zum Autofahrer:
„Ihr Wagen ist völlig überladen!
Ich muss Ihnen den Führerschein abnehmen."
„Aber das ist doch lächerlich.
Der Führerschein wiegt doch
höchstens 50 Gramm.
Wollen Sie nicht eher
meine Frau mitnehmen?"

„Haben Sie die rote
Ampel nicht gesehen?",
schimpft der Polizist
den Autofahrer.
„Die Ampel schon,
aber Sie nicht!"

Ein BMW-Fahrer fährt mit
ca. 250 km/h auf der Autobahn
trotz Geschwindigkeitsbegrenzung
auf 100 km/h.
Er wird von einem Streifenwagen verfolgt.
Nach einer halben Stunde
wilder Verfolgungsjagd stoppt er endlich.
Der Polizeiobermeister sagt:
„Okay, wenn Sie mir eine Ausrede liefern,
die ich noch nie gehört habe,
kommen Sie diesmal so davon."
Daraufhin der BMW-Fahrer:
„Also, meine Frau ist letzte Woche
mit einem Polizisten durchgebrannt.
Als ich Sie im Rückspiegel sah,
dachte ich, Sie wollten sie
mir wieder bringen ..."

Der Verkehrspolizist zur Autofahrerin:
„Wissen Sie denn nicht,
dass ein Kind erst ab zwölf auf
dem Beifahrersitz mitfahren darf?"
„Ach seien Sie doch nicht so pingelig",
sagt die Frau und guckt auf die Uhr,
„wegen der paar Minuten!"

Fragt der Polizist bei
der Fahrzeugkontrolle:
„Haben Sie vielleicht noch Restalkohol?"
Antwortet der Fahrer entrüstet:
„Was? Zum Schnorren
haltet Ihr einfach Autos an?"

Was ist der kleinste Bauernhof?
Ein Polizeiauto –
vorne sitzen die Bullen
und hinten das arme Schwein.

Laut ADAC sind
11 Winterreifen „GUT".
Aus Erfahrung kann ich euch sagen,
dass vier reichen.

41

POLIZEIWITZE

Truckfahrer:
„Gibt es 1,60 m große Pinguine?"
Polizist:
„Nicht, dass ich wüsste?!"
Truckfahrer:
„Oooops. Dann hab ich
eine Nonne überfahren!"

Polizist:
„In Ihrem Zustand heißt die Devise:
‚Hände weg vom Steuer'!"
Betrunkener Autofahrer:
„Was, wenn ich blau bin,
soll ich auch noch freihändig fahren?"

Polizist:
„Blasen Sie in das Röhrchen!"
Autofahrer:
„Geht nicht. Ich habe Asthma."
Polizist:
„Kommen Sie mit zur Blutprobe!"
Autofahrer:
„Geht nicht, bin Bluter."
Polizist:
„Dann gehen Sie auf dieser Linie!"
Autofahrer:
„Geht nicht, bin betrunken."

Und dann ist da noch der Polizist,
der auf der Kreuzung steht und
wild mit den Armen fuchtelt,
weil die gerade anfahrende
Straßenbahn anhalten soll.
Der Fahrer bremst, steckt seinen Kopf
aus der Fahrerkabine und schimpft:
„Mann, was is'n los? Ich muss hier
meinen Fahrplan einhalten!"
Antwortet der Polizist:
„Diskutiern'se nicht dumm rum;
fahrn'se erstmal rechts ran!"

Ein Polizist hält ein Auto an.
Am Steuer sitzt ein Hund und
auf dem Rücksitz ein Mann.
Der Polizist wendet sich an den Mann:
„Sind Sie verrückt? Sie können
doch keinen Hund fahren lassen."
Meint der Mann:
„Das ist nicht mein Hund.
Ich wurde nur als
Anhalter mitgenommen."

Polizist: „Der Auspuff und
die Anlage sind zu laut,
die Lackierung ist zu bunt,
das Fahrwerk ist zu tief,
der Spoiler ist zu groß ..."
„Entschuldigung,
mein Auto hat ADHS!"

Polizist: „Ihr Name?"
Autofahrer:
„Zscherboinsky-Crzcypierzak!"
Polizist: „Wie schreibt man das?"
Autofahrer: „Mit Bindestrich!"

Polizist: „Ihr Autokennzeichen ist
völlig verschmutzt, Herr Mayer."
Herr Mayer: „Das macht doch nichts,
ich weiß doch auswendig,
was drauf steht."

Ein Polizist stoppt einen
rasanten Autofahrer: „Darf ich bitte
Ihren Führerschein sehen?"
„Wieso Führerschein?",
fragt der Autofahrer,
„ich denke, den bekommt man erst mit 18!"

Ein Mann ruft bei der Polizei an.
„Ich muss ein Geständnis ablegen.
Ich habe einen Dinosaurier überfahren!"
„Sie haben was?!"
„Ich habe einen Dinosaurier überfahren!"
„Dinosaurier sind ausgestorben!"
Plötzlich fängt der Mann
schrecklich an zu weinen:
„Ach du meine Güte,
das habe ich nicht gewollt!"

Wenn die Polizei sagt: „Papiere."
Und ich sage: „Schere."
Habe ich dann gewonnen?

Zwei sächsische Polizisten
halten einen englischen
Autofahrer an.
Sagt der eine Polizist zum anderen:
„Baul, schreib ma uff:
‚Dor Mann hat soi Lenkrad
uff dor falschen Seide.'!"
Darauf der Engländer:
„What do you want from me?"
Der Polizist zum anderen:
„Baul schreib uff:
‚Dor Mann red wirres Zeusch.'!"
Der Polizist geht um das Auto
des Engländers herum und
sieht den Aufkleber „GB".
Ganz aufgeregt sagt er
zu seinem Kollegen:
„Baul, streisch olles, der Mann
ist von dor Griminal Bolizei!"

Wie heißt ein Engländer
mit 10 Autos?
Carsten

Es ist nicht schlimm,
dass mein Auto beim
Rückwärtsfahren nicht piept.
Die Schreie der Passanten
genügen mir völlig.

Es gibt Männer,
die reagieren sehr aggressiv,
wenn man ihnen, nachdem sie
auf dem Frauenparkplatz
eingeparkt haben, zu den
wunderschönen Brüsten gratuliert.
Und mit dem Blick auf
den Kugelbauch fragt, ob
es ein Junge, ein Mädchen
oder ein Depp –
wie der Vater – wird.

James Bond soll weiblich
besetzt werden.
Wie geil ist das denn?
Geile Autos, Unfälle,
riesige Explosionen ...
Und das alles schon
beim Einparken.

49

Die letzten Worte eines Beifahrers:

„Rechts ist frei."

Ich liebe es, hinter Rentnern
Auto zu fahren.
Man kann so viel tun.
Frühstücken,
Mittagessen, Abendessen.
Ein Buch lesen.
Ein Buch schreiben ...

Beifahrer, die sagten
„Mach doch mal
die schreckliche Musik leiser!",
fragten auch:
„Wann darf ich wieder
aus dem Kofferraum?"

Der Autofahrer zum Tankwart:
„Kontrollieren Sie bitte
auch die Reifen."
„Eins, zwei, drei, vier – alle da!"

Sie haben zwar das
schnellere Auto,
aber ich fahre vor Ihnen!

ÜBERHOLEN SIE RUHIG. WIR SCHNEIDEN SIE RAUS!

IHRE FEUERWEHR

AUTOFAHRER, DIE AN EINER ROTEN AMPEL UNFASSBAR DICHT AUFFAHREN, GUCKEN TOTAL LUSTIG, WENN MAN DEN RÜCKWÄRTSGANG EINLEGT.

Wenn du mit Gott
sprechen willst, dann bete.
Willst du ihm begegnen,
dann schreib eine SMS
am Steuer!

Männer verfahren sich nie.
Sie entdecken neue Gebiete!

Wenn Autofahren verboten ist,
nachdem man etwas
getrunken hat, warum haben
Bars und Kneipen
dann Parkplätze?

Als männlicher Autofahrer
muss ich immer wieder feststellen,
dass es gerade Frauen sind,
die den erforderlichen
Sicherheitsabstand ignorieren und
immer viel zu dicht vor mir herfahren.

VON 0 AUF 180 IN
EIN PAAR MILLISEKUNDEN ...
FRAUEN WÄREN TOLLE
AUTOS!!!

WARUM ...

... werden Mantas jetzt mit
acht Scheinwerfern gebaut?
Damit die Mantafahrer auch bei Nacht ihre
Sonnenbrille aufsetzen können.

... ist auf der linken Garagenwand eines
Mantafahrers ein roter Strich?
Er hat vergessen seinen
Ellenbogen reinzunehmen!

... erkennt man sofort einen
Mantafahrer im Krankenhaus?
Er ist der einzige, der unter dem Bett
liegt und schraubt.

Woran erkennt man, dass jemand
einen Manta mit Automatikgetriebe fährt?
Das linke Bein hängt auch aus dem Fenster.

Was haben ein Manta und ein
Kondom gemeinsam?
Beide behindern den Verkehr.

MANTA   MANTA   MANTA   MANTA

Was ist das Lieblingsmärchen
eines Mantafahrers?
Radkäppchen und der böse Golf.

Was macht ein Mantafahrer,
wenn sein Motor brennt?
Er legt ein Gegenfeuer im Kofferraum.

Der kürzeste Mantawitz:
Steht ein Manta vor der Uni.

Woran erkennt man einen
Mantafahrer im Schwimmbad?
Am Fuchsschwanz
am Schnorchel.

MANTA MANTA MANTA MANTA

Was ist ein Manta ohne Spoiler?
Defekt.

Neuerdings gibt es auch
Mantas mit verstärkter Antenne,
damit ein größerer
Fuchsschwanz dran passt.

Was sagt ein Manta-Fahrer
an der Tankstelle?
Ey, Super ey.

Was macht ein Mantafahrer,
wenn ihm ein Wildschwein
ins Auto gelaufen ist?
Er fährt zum Straßenverkehrsamt
und lässt es sich eintragen.

Ein Mantafahrer fährt rückwärts
einen steilen Berg hinauf.
Ein Polizist hält ihn an
und fragt, warum er das tut.
Der Mantafahrer antwortet:
„Ey Mann ey, da oben
wohnt ein Kumpel ey und da
soll man nicht drehen können, ey!"
10 Minuten später kommt
der Mantafahrer rückwärts
den Berg wieder runter und ruft:
„Boah ey, da konnte man
doch drehen, ey."

Ein Mantafahrer, ein BMW-Fahrer
und ein Mercedesfahrer hängen
am Lügendetektor.
Mercedesfahrer:
„Ich denke, ich habe das schönste Auto."
„Piep!"
BMW-Fahrer:
„Ich denke, ich habe das schnellste Auto."
„Piep!"
Mantafahrer: „Ich denke ..."
„Piep! Piep! Piep!"

Warum werden die MANTAS jetzt mit DREIECKIGEM GASPEDAL gebaut? Damit die COWBOYSTIEFEL besser draufpassen.

OPEL MANTA FANCLUB ★★★ EY, MANN, EY!

Ein Mantafahrer erwacht auf
der Intensivstation.
„Ganz ruhig.
Sie hatten einen Unfall."
„Woooooaaaaaah, mein schönes Auto!"
„Das ist leider nicht
das Schlimmste.
Wir mussten Ihnen
beide Beine amputieren."
„Aaaaargh, meine Cowboystiefel!"

Sagt ein Mantafahrer zum anderen:
„Ich habe mir einen Duden gekauft."
Antwortet der andere:
„Und schon eingebaut?"

Ich hatte schon
5 Cocktailtomaten und
ich merke noch nichts.
Ich glaube, ich könnte sogar
noch Auto fahren.

Steht ein Autofahrer wegen
Geschwindigkeitsüberschreitung
vor Gericht.
Richter: „Soso,
Sie behaupten also,
Sie seien nicht zu schnell gefahren.
Wie wollen Sie das denn beweisen?"
Angeklagter: „Ganz einfach:
Ich war auf dem Weg
zu meiner Schwiegermutter."

An einer Ampel hält ein Mann
neben einer Frau.
Elegant kurbelt er
das Fenster runter.
Die Frau kurbelt auch das Fenster
runter und lächelt ihn an.
Der Mann lächelt zurück und sagt:
„Na, haben Sie auch gefurzt?"

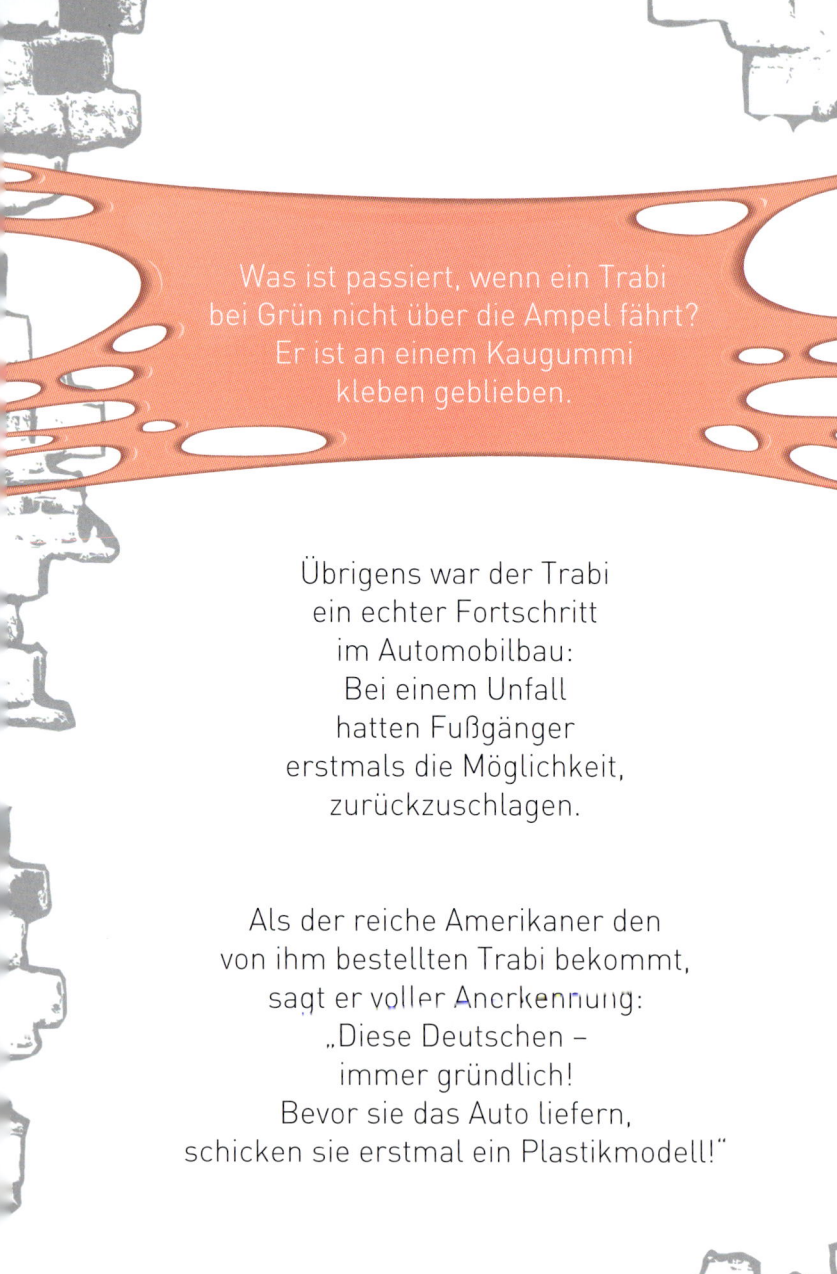

Was ist passiert, wenn ein Trabi
bei Grün nicht über die Ampel fährt?
Er ist an einem Kaugummi
kleben geblieben.

Übrigens war der Trabi
ein echter Fortschritt
im Automobilbau:
Bei einem Unfall
hatten Fußgänger
erstmals die Möglichkeit,
zurückzuschlagen.

Als der reiche Amerikaner den
von ihm bestellten Trabi bekommt,
sagt er voller Anerkennung:
„Diese Deutschen –
immer gründlich!
Bevor sie das Auto liefern,
schicken sie erstmal ein Plastikmodell!"

Ein **TRABI** belegte erst kürzlich den **ZWEITEN PLATZ** im Windkanaltest. **ERSTER** wurde eine **SCHRANKWAND**.

Warum ist der Trabi
das leiseste Auto der Welt?
Weil er so eng ist,
dass man sich mit den Knien
die Ohren zuhalten kann.

„Ein anderer Name für Trabi-Fahrer?"
„Teilchenbeschleuniger ..."

Was sind vier Trabis an
einer Kreuzung ohne Ampel?
Eine Tupper-Party.

Der kürzeste Trabi-Witz?
Steht'n Trabi auf'm Berg.

Kennen Sie den Unterschied
zwischen einem Trabi
und einem Düsenjäger?
Den Düsenjäger sieht man,
bevor man ihn hört.
Den Trabi hört man,
bevor man ihn sieht.

Wo kann man heute noch einen
Original-Trabi kaufen?
Im Bastelladen!

**Wie viele Leute braucht man,
um einen TRABI zu FERTIGEN?
ZWEI! Der eine FALTET,
der andere KLEBT.**

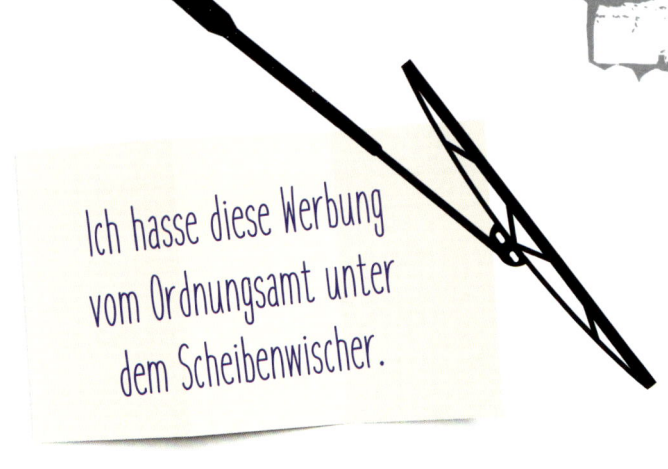

Ich hasse diese Werbung vom Ordnungsamt unter dem Scheibenwischer.

Kommt ein Trabifahrer zur
Tankstelle und sagt zum Tankwart:
„Ich hätte gerne für meinen Trabant
zwei neue Scheibenwischer."
„Das halte ich für
einen fairen Tausch."

Ist Ihr Trabi schon mal
gründlich überholt worden?
Schon oft, sogar von Fußgängern.

Warum gab es in der DDR
so wenig Banküberfälle?
Weil Bankräuber 15 Jahre auf
das Fluchtauto warten mussten!

Was ist der Unterschied
zwischen einem Trabi
und einem Trabi Sport?
Der Fahrer hat Turnschuhe an.

Nachdem bei Mercedes ein neuer Motor
in einen Trabi eingebaut wurde,
beschwert sich der Besitzer:
„Der fährt immer ein Stück,
dann bleibt er stehen,
dann fährt er wieder
und bleibt wieder stehen ..."
Darauf der Meister:
„Entschuldigung, wir haben
einen Scheibenwischermotor
vom 500 SEL verwendet
und haben vergessen,
die Intervallschaltung auszubauen."

WANN ERREICHT
DER TRABI SEINE
HÖCHSTGESCHWINDIGKEIT?
WENN ER
ABGESCHLEPPT WIRD!

Wie nennt man es,
wenn zwei Mercedes
einen Unfall bauen?
Krieg der Sterne.

Was machen
zwei Mercedes-Werksfahrer
nach der Arbeit?
Einen kippen gehen.

Wie nennt ein A-Klasse-Fahrer
sein Auto liebevoll?
Purzel.

Warum ist die Versicherung für
die A-Klasse so billig?
Weil noch nicht mal die Polen
dieses Auto mögen!

Was ist der Unterschied
zwischen dem Rentensystem
und der A-Klasse?
Es gibt keinen. Beide sind sicher!

Was ist eine A-Klasse mit
gelbem Nummernschild?
Ein fliegender Holländer!

Wenn man im Winter die Tür
seiner A-Klasse nicht mehr aufbekommt,
muss es nicht unbedingt daran liegen,
dass die Türen zugefroren sind ...

Woran erkennt man die Spur
der A-Klasse im Schnee?
An der Furche
des Außenspiegels.

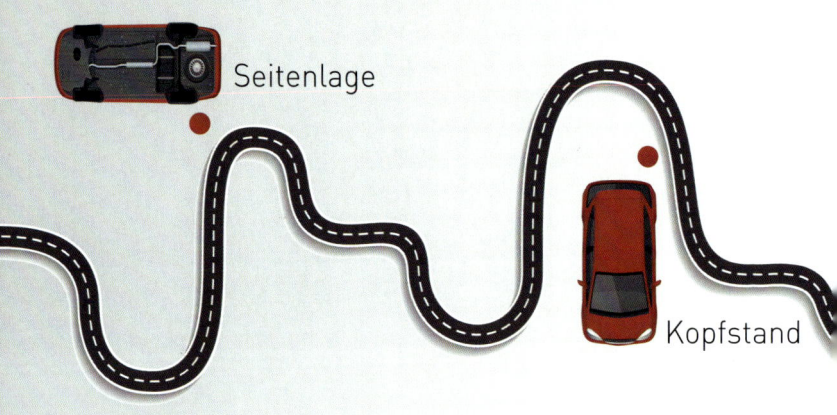

Seitenlage

Kopfstand

Mercedes hat damals stolz angekündigt,
ein Anti-Umfall-System-mit-
Richtungs-Induzierter-Auslenkung (AUSTRIA)
in die A-Klasse einzubauen.
So ein System hatte ich schon
als 4-Jähriger an meinem Fahrrad.
Früher nannte man das Stützräder.

Mercedes Benz ist es gelungen,
für eine Entwicklungssumme von
über einer Milliarde
ein Auto zu entwickeln, welches sich
bei Gefahr auf den Rücken legt
und tot stellt.

Was sind 100 A-Klasse in einer Reihe?
Domino

Rückenlage

Seitenlage

Der härteste Job der Welt:
Testfahrer der A-Klasse –
Arbeiten bis zum Umfallen

„Mir ist ein Ding passiert",
berichtet Bernd seinem Freund,
als er aus dem
NEUEN MERCEDES aussteigt.
„Ich stehe an der Autobahn
und will trampen. Eine Frau hält an,
nimmt mich mit und fährt
auf den nächsten Parkplatz.
Dort zieht sie sich bis auf den Slip aus
und sagt: ‚Jetzt kannst du von mir haben,
was du willst!'
Natürlich habe ich den
MERCEDES GENOMMEN."
Meint der Freund:
„Das hast du richtig gemacht, wer weiß
ob dir ihre Klamotten gepasst hätten."

Ein Mann ruft beim Autohändler an:
„Ist hier das Autohaus Müller?"
„Ja, was gibts?"
„Haben Sie auch die
Mercedes A-Klasse?"
„Ja haben wir."
„Prima, können Sie mir bitte
einen auf die Seite legen?"

Mercedes –
ein Wagen vom anderen Stern

Mercedes will die neue
A-Klasse jetzt tieferlegen.
Dann kann man in Zukunft
unter einem Elch hindurchfahren.

ICH FAHRE EINEN
300000 EURO MERCEDES,
UND DIE WEIBER
ZAHLEN DAFÜR,
MITFAHREN ZU DÜRFEN.

Manni, 45,
Busfahrer

BEIM AUTOFAHREN UNTERSCHEIDET MAN ZWISCHEN 2 GRUPPEN:
1. ICH
2. DIE VOLLTROTTEL

Er: „Schatz, hier ist 100,
du fährst viel zu langsam."
Sie: „Ist doch egal,
die anderen hinter mir
fahren genauso langsam."

Ich habe kein Knöllchen bekommen!
Ich habe nur meinen Führerschein
um 20 Euro überzogen …

„Was machst du gerade?"
„Bin mit 120 Sachen unterwegs."
„Im Auto?"
„Nee, in der Handtasche."

Und plötzlich
stand die Welt
von Herrn Koslowski Kopf ...

Mit 250 km/h rast ein Mofafahrer
neben einem Porsche her.
Porschefahrer: „Na, frisiert?"
Mofafahrer: „Ne, Ärmel in der Tür!"

Der Chef fährt mit
einem neuen Porsche vor.
Ich: „Wow, schönes Auto!"
Chef: „Wenn Sie hart arbeiten,
die Ziele stets verfolgen und sich
voll reinhängen, kaufe ich mir
nächstes Jahr noch einen Zweiten."

Ein Porschefahrer überschlägt sich
mit seinem Wagen auf der Autobahn.
Als die Sanitäter ihn aus dem Wagen bergen,
jammert dieser:
„Mein Porsche, mein schönes Auto!"
Sanitäter:
„Der Wagen ist doch jetzt
nicht wichtig, Mann!
Sie haben den linken Arm verloren!"
Darauf der Porschefahrer:
„Oh Gott, meine Rolex!"

Porsche-Witze

Kommt ein junger Mann in eine Bar.
Lässig legt er seine Autoschlüssel
mit Porsche-Emblem auf die Theke.
Schon lächelt ihm ein hübsches Mädchen zu.
Da flüstert der Barkeeper:
„Sie haben vergessen, die Fahrradklammern
von der Hose zu nehmen!"

Zwei Gründe, warum ich
meine Freundin nicht mit
dem Porsche abholen kann:
1. Ich habe keine Freundin
2. Ich habe keinen Porsche

AUFGABENVERTEILUNG BEIM AUTOFAHREN

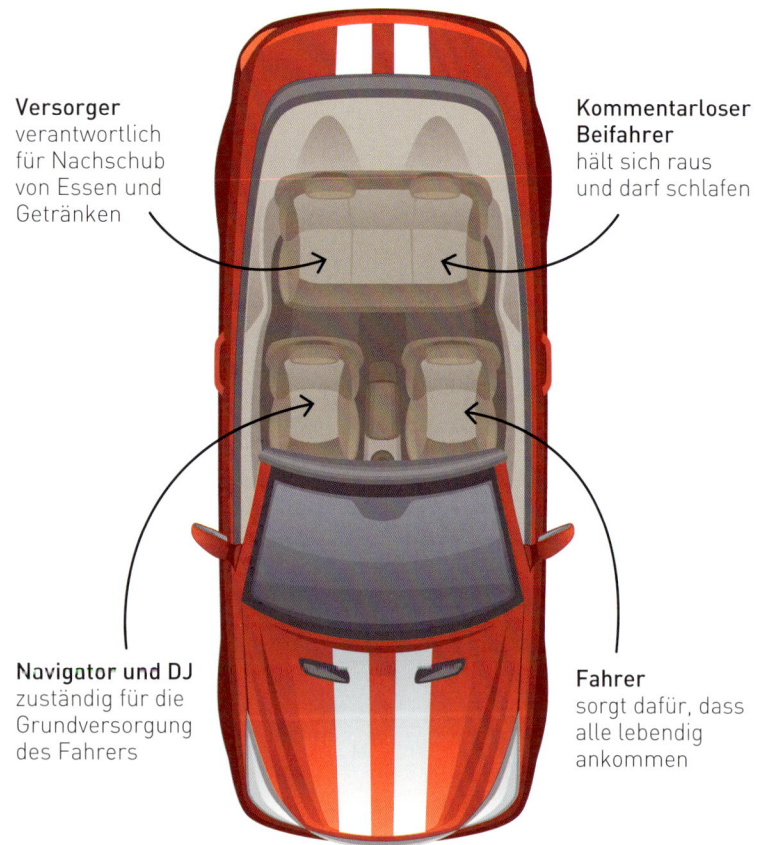

Versorger
verantwortlich
für Nachschub
von Essen und
Getränken

Kommentarloser Beifahrer
hält sich raus
und darf schlafen

Navigator und DJ
zuständig für die
Grundversorgung
des Fahrers

Fahrer
sorgt dafür, dass
alle lebendig
ankommen

DINGE, DIE BEIFAHRER SAGEN:

„Das war aber dunkelrot."
„Grüner wird es nicht."
„Hier blitzen sie immer ..."
„Musst du so dicht auffahren?"
„Geradeaus ist ohne Lenken."
„Gruß vom Getriebe."
„Hier ist 5o!!!"
„Guck doch bitte nach vorne."
„Vorsicht, der bremst!"
„Heute wieder Känguru-Benzin getankt!"

Du nennst es
„vier Stunden Autofahrt".
Ich nenne es
„vier Stunden Live-Konzert
mit mir in der Hauptrolle".

Ich will nicht sagen, dass ich
ein anspruchsvoller Beifahrer bin.
Ich bringe nur Bremswünsche,
Überholvorschläge und
Schaltempfehlungen ein.

Hallo Leute, ein Freund
von mir hat Kaffee in
meinem Auto verschüttet.
Wie bekomme ich
die Blutflecken wieder weg?

FAHR LÄSSIG:
Ein Arm aus dem Fenster.
FAHRLÄSSIG:
Beide Arme aus dem Fenster.

Fragt der Schotte seinen Kumpel:
„Warum steht dein Freund
denn stundenlang an der Ampel?"
Anwortet der Kumpel:
„Der Arzt hat ihm Rotlicht verordnet!"

Ein Mann hält
seiner Frau die Tür auf,
als sie ins Auto einsteigt.
Was Frauen sehen:
„Oh, ein echter Gentleman!"
Was Männer sehen:
„Enge Parklücke, lange Tür,
besser mal aufhalten,
bevor die Olle die Tür zermackt!"

Lasst Ampeln nie
wissen, dass ihr es
eilig habt.
Sie können Angst
riechen.

ICH GLAUBE,
DIE AMPEL STEHT
AUF MICH.
IMMER WENN ICH
KOMME, WIRD
SIE ROT.

James Bond fährt mit seinem
neuen Sportwagen zur Arbeit.
Er schreibt einen Zettel, auf dem steht:

„Stehlen zwecklos! 007!"

Nach der Arbeit ist sein
neuer Sportwagen verschwunden,
aber ein neuer Zettel liegt dort,
wo sein Wagen war.
Auf dem Zettel steht:

„Verfolgung zwecklos!
Max Verstappen!"

Peugeot kauft Opel.
Heißt die Marke jetzt ‚Popel'?

Erzählt ein Bauer seinem Freund:
„Stell' dir vor, letztens bin ich
mit meinem Trecker
in 'ne Radar-Falle gefahren!"
Meint der: „Und hat's geblitzt?"
„Nein, gescheppert."

Warum muss ein
Autofahrer tierlieb sein?
Schlange vor sich,
Bullen hinter sich,
Tiger im Tank,
Pferde unter der Haube,
dufte Biene neben sich
und einen Drachen zu Hause ...

Ein Auto steht mit
einem Platten auf dem Standstreifen.
Ein Igel kommt mit
seiner Familie vorbei und freut sich:
„Endlich hat mal
einer von uns gesiegt!"

„Wow. Tolles Auto.
Wie fährt er sich?"
„Weiß ich nicht."
„Das verstehe ich nicht."
„Wenn er sauber ist,
fährt meine Frau ihn.
Wenn irgendwo ein Konzert ist,
fährt meine Tochter ihn.
Wenn ein Fußballspiel stattfindet,
fährt mein Sohn ihn.
Und wenn er repariert
oder gewaschen werden muss,
dann muss ich ihn fahren!"

Denkt bitte bei den
heißen Temperaturen daran,
Kinder und Hunde nicht
im Auto zu lassen.
Schwiegermütter sind okay,
Drachen sind Hitze gewöhnt.

Sprich mit Alexa ...

Die digitale Sprachassistentin kennt sich sogar in Verkehrsfragen aus. Ruf einfach „Alexa", stell deine Frage und lass dich von den Antworten überraschen.

Alexa ...
... trag mich zum Auto.
Ich habe folgende Firmen für Schwertransporte gefunden ...

Alexa, fahr mich ans Ende der Welt ... Manfred, hör auf, mich Alexa zu nennen.

... wie ist der Verkehr heute?
Du hast keinen.

... kannst du Auto fahren?
Beim Rückwärtseinparken drehe ich immer die Musik leiser, sonst sehe ich nichts. Kennste, oder?

Ehefrau kommt nach Hause
und sagt zum Ehemann:
„Ich habe eine gute und
eine schlechte Nachricht,
welche willst du zuerst hören?"
„Na, die gute."
„Also ... der Airbag hat funktioniert ..."

Mit einem total verbeulten Auto
fährt ein Mann zur Tankstelle und sagt:
„Bitte waschen!"
Der Tankwart:
„Auch noch stärken
und zusammenlegen?"

„Schatz, passe ich in die Parklücke?"
„Du oder das Auto?"
„Aua ...!"

Frauen haben nur Probleme
mit dem Einparken,
weil sie ständig falsche Vorstellungen
von 20 cm vermittelt bekommen.

Von wegen –
FRAUEN
können nicht
einparken!

P

**Frauen
Parkplatz**

Besen bitte
ordentlich an der
Wand parken!

Ich bin eine Frau.
Ich beherrsche
Multitasking.

Lisa, 22,
kann auf zwei Parkplätzen
gleichzeitig parken.

Eine Umfrage unter Nutzern
von Mutter-Kind-Parkplätzen
hat ergeben:
Die deutsche Durchschnittsmutter
ist 45 Jahre alt und
vorwiegend männlich.

Eine Frau schafft es nicht
auf Anhieb einzuparken
und wird mehrfach
von einem Mann angehupt.
Sie steigt aus und geht zu ihm.
„Könnten Sie für mich einparken?
Ich hupe so lange für Sie weiter."

ICH SCHIMPFE NIE BEIM AUTOFAHREN – ICH RASTE DIREKT AUS!

Menschen,
die beim Autofahren
nicht ausrasten, achten
definitiv zu wenig
auf ihre Umgebung.

Die beste Art,
um über jemanden hinweg
zu kommen, ist mit dem Auto.

Parken Sie doch
ruhig noch näher!
Ich steige gerne
aus dem Kofferraum aus!

Und jetzt den Fahrradfahrer langsam umfahren.

Patrick, Fahrlehrer,
betont Wörter hoffentlich richtig.

Was man in der Fahrschule lernt:
Wenn sich der Verkehr staut,
nicht in die Kreuzung fahren.
Was Autofahrer machen:
Die komplette Kreuzung belegen,
als wäre diese Grünphase
die letzte auf diesem Planeten,
während alle versuchen,
diese Belagerung per Hupe aufzulösen.

Fahrschule ist so nervig.
Wenn ich Zeit in einen
Lappen investieren will,
melde ich mich bei Tinder an.

In der Fahrschule:
„Du musst Gas geben und dann
die Kupplung ganz langsam loslassen."
„Wie langsam?"
„Ungefähr so, wie ein Furz
beim Abendessen mit der Familie."

Immer, wenn hinter mir
ein Fahrschulauto fährt,
denke ich mir, dass der Fahrlehrer
auf mich zeigt und seinem Schüler sagt:
„Und genau so macht man es nicht!"

Fahrlehrer:
„Mach das Auto an."
Der Schüler reibt an
der Schaltung
und flüstert:
„Na, gefällt dir das?"
Fahrlehrer: „Okay,
wir sind hier fertig."

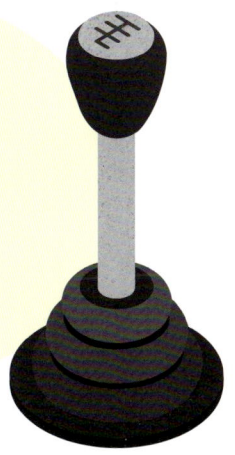

FAHRLEHRER-ZITATE 1

Stimmt. Er ist selbst schuld. Du hast ja schließlich den Motor ausgeschaltet. Der Radfahrer hätte wissen müssen, dass du auch gleich die Tür öffnen wirst.

Ich denke, 10 Minuten mit 12 000 Umdrehungen sollten reichen. Du kannst in den zweiten Gang schalten.

Ist mir egal, dass der Weg so viel kürzer war! Im Kreisverkehr fährt man rechtsrum!

Wenn du abbiegen willst, dann weise die anderen Verkehrsteilnehmer mit dem Blinker darauf hin und nicht mit dem Scheibenwischer.

Hör bitte auf zu winken. Die anderen Autofahrer grüßen dich nicht. Mach einfach das Fernlicht aus.

Da hast du recht. Man kann sich mit seiner Hilfe tatsächlich schminken. Allerdings ist die Primärfunktion des Rückspiegels eine andere.

Der Fußgänger ist das hinterhältigste Lebewesen im Großstadtdschungel. Ständig überlegt es sich, wann es vor das Auto springen soll.

Weißt du, was wir hier machen, nennt sich Slalom – nicht Bowling!

FAHRLEHRER-ZITATE 2

Wenn du das nächste Mal losfährst, vergewissere dich bitte, ob ich im Wagen bin.

KITT hatte leider keine Zeit. Du musst heute also wieder selbst fahren.

Ein STOP-Schild ist keine Empfehlung des Verkehrsministeriums, sondern ein Befehl!

Zum letzten Mal! Knie dich nicht auf den Sitz, wenn du rückwärts fährst.

Die nächste bitte links abbiegen ... das andere Links.

Auffahrunfälle sind eigentlich kein Bestandteil der Fahrprüfung.

Dir ist bewusst, dass wir momentan keine Fußgänger sind? Also fahr gefälligst nicht auf dem Bürgersteig!

Ein normal denkender Mensch weiß, dass nach dem 5. Gang Schluss ist und dass das „R" auf dem Schalthebel nicht für Raketengang steht. Ich habe keine Ahnung, wie ich das meiner Versicherung erklären soll.

Ich bringe dir jetzt „Drive-in" bei.

Erste Fahrstunde in der Stadt:
„Das ist das Gas,
das ist die Bremse und das
ist die Kupplung."
Erste Fahrstunde auf dem Land:
„Du weißt ja sowieso schon,
wie das geht.
Fahr uns mal zum Dönerladen,
ich hab Hunger!"

Nach zehn Fahrstunden
fragt Patrick seinen Lehrer:
„Und, wie viele brauche ich noch,
bis ich endlich fahren kann?"
Meint der Fahrlehrer:
„Noch ungefähr drei."
Patrick kann es gar nicht fassen:
„Was, nur noch drei Stunden?"
Klopft ihm der Lehrer auf die Schulter:
„Mein Junge – drei Autos."

Was waren die letzten Worte
des Fahrlehrers?
„Die Ampel ist rot."

*Seit ich meinem Nachbarn
mit Lippenstift Herzchen
ans Auto male, ist nebenan
richtig was los!*

Chuck Norris muss nie tanken!
Sein Auto fährt aus Respekt.

„Ich habe eine
schlechte Nachricht."
„Ich auch.
Er hat mich betrogen!"
„Dann habe ich eine gute Nachricht!
Ich habe ihn mit
dem Auto angefahren ..."

Vielleicht sind wir Deutsche
einfach so aufs Autofahren fixiert,
dass wir auch beim ESC versuchen keine
Punkte zu bekommen!

Das Schlimmste
am Rückwärtseinparken
sind die Zuschauer.

„Mein Auto springt nicht an,
ich kann heute nicht
zur Arbeit kommen."
„Dann nehmen Sie doch den Bus."
„Ich habe aber keinen Bus."

Wenn sich eine Tür schließt,
öffnet sich eine andere.
Es wird Zeit, dass ich
mein Auto in die Werkstatt bringe.

„Verdammt!
Da hat gerade jemand
unser Auto geklaut."
„Konntest du ihn erkennen?"
„Nein, aber ich habe mir
das Nummernschild gemerkt."

ICH HABE HEUTE MORGEN MEINEN KAFFEE MIT REDBULL GEKOCHT. NACH 10 MINUTEN AUF DER AUTOBAHN IST MIR AUFGEFALLEN, DASS ICH MEIN AUTO VERGESSEN HABE.

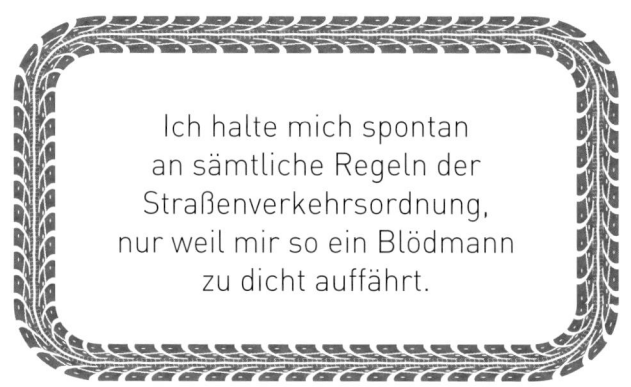

Ich halte mich spontan
an sämtliche Regeln der
Straßenverkehrsordnung,
nur weil mir so ein Blödmann
zu dicht auffährt.

Meine Freundin:
„Es gibt keine Dinge,
die ein Mann gleichzeitig
machen kann, welche
nicht auch eine Frau kann!"
Lachend habe ich mich
am Sack gekratzt und
mein Auto rückwärts eingeparkt.

Ich habe mir überlegt,
die nächsten 4 Wochen
das Auto stehenzulassen.
Das ist so eine Art Challenge.
Die Idee kam übrigens
aus Flensburg ...

WER sind die NETTESTEN AUTOFAHRER der Welt?

Die GEISTERFAHRER!
Die sind immer so entgegenkommend.

Schaut ihr auch,
wenn ihr ein Auto überholt habt,
ob der Fahrer genauso blöd aussieht,
wie er fährt?

„Nein, für 90 Minuten
fahre ich nicht in die Uni.
Das lohnt sich nicht!"
Freundin:
„Aber für 90 Minuten Fußball
7 Stunden mit dem Auto fahren
lohnt sich?"
Bin dann doch in die Uni ...

Habe meine Freundin
vor der Werkstatt im Auto warten lassen.
Von wegen Carglass tauscht aus ...

VORTEILE
VON E-AUTOS

BIS POLEN SCHAFFEN
DIE DAS NICHT!

Was haben ein Rettungswagen
und ein Pizzataxi gemeinsam?
Der Inhalt sollte bei der Ankunft
unbedingt noch warm sein.
Das erklärt auch
die gleiche Fahrweise.

„Du sitzt in einem Sportwagen,
über dir kreist ein Polizeihubschrauber.
Hinter dir steht ein
Rettungswagen mit Blaulicht,
der Fahrer schreit dich an.
Was machst du?"
„Vom Kinderkarussel absteigen?"
„Nein, du bildest endlich
eine Rettungsgasse."

Dieser Moment, wenn man
noch im Auto sitzen bleibt,
um das Lied
zu Ende zu hören.

Nils, 29, Notarzt

Wovon Rettungsfahrer träumen

DAS AUTOFAHRER-ABC

A hupt in jeder Situation

B fährt zu langsam

C überholt alles und jeden

D will ständig angeben

E wird ständig geblitzt

F kann nicht überholen

G kann nicht schalten

H schaut dauernd aufs Handy

I macht gerne Ampelrennen

J hat den Führerschein verloren

K hat oft Restalkohol

L zu faul zum Blinken

M kann nicht parken

N kann nicht fahren

O bremst zu spät

P fährt mit Sonnenbrille

Q fährt gerne nachts

R baut immer Unfälle

S	vergisst oft zu tanken
T	fährt wie ein Anfänger
U	darf nicht fahren
V	hat Aggressionen
W	raucht ständig eine
X	fährt lieber Fahrrad
Y	fährt noch bei Gelb drüber
Z	wird oft angehalten

Ich arbeite, damit ich tanken kann, damit ich zur Arbeit komme ...

ACH, DIE PAAR SCHRITTE KANN ICH AUCH FAHREN.

Ich bin ja der,
der sich trotz Navi verfährt
und dabei wunderschöne
Industriegebiete kennenlernt.

Chuck Norris wurde letztens
von der Polizei angehalten.
Die Polizei ist mit
einer Verwarnung davongekommen.

MÄNNER VERFAHREN SICH NIE. SIE KREISEN IHR ZIEL EIN.

Dieser Druck,
wenn man Beifahrer ist
und als DJ abliefern muss.

„Meine Frau bildet sich ein,
sie sei ein Auto,
was soll ich nur machen?"
Ein Freund antwortet:
„Du kannst sie reparieren
oder verschrotten."

Eine Frau ruft ihren Mann an.
„Schatz, das Auto fährt nicht."
„Wenn ich nicht dabei bin,
musst du links sitzen."

„Ich glaube, ich habe mich
irgendwie verfahren."
„Wo bist du denn gerade?"
„Na, im Auto."

Kennt ihr das?
Ich fahre Auto, denke über
etwas nach und
irgendwann frage ich mich:
„Waren überhaupt die Ampeln grün?
Und wie bin ich eigentlich
hierhergekommen?"

Der Fahrschullehrer
zu seinem Schüler:
„Sie fahren auf der Straße
und merken plötzlich,
dass Sie den Zündschlüssel
verloren haben. Was tun Sie?"
„Ich schaue in den Rückspiegel,
in den Außenspiegel und über
die Schulter, setze den Blinker,
fahre rechts ran und
bedanke mich bei dem Dummkopf,
der mich geschoben hat."

Das Aufladen eines Elektroautos steigert seine Reichweite enorm.

Sagt ein Mann zu einer Blondine:
„Ich habe meinen Führerschein
wegen Alkohol verloren."
Blondine: „Echt jetzt?
Und du hast ihn nirgends
mehr gefunden?"

Warum schleppt eine Blondine
überall eine Autotür
mit sich herum?
Weil sie, wenn es ihr
zu heiß wird, das Fenster
herunterkurbeln kann.

Zwei Blondinen sitzen im Auto
und fahren an einer Wiese vorbei,
in der eine andere Blondine
im Gras versucht, mit
ihrem Boot zu rudern.
„Das gibt es doch nicht.
Solche wie diese sind es,
die unseren Ruf ruinieren!",
sagt die erste Blondine im Auto.
Erwidert die zweite: „Ja genau!
Und wenn ich schwimmen könnte,
würde ich ihr dafür eine reinhauen."

Eine Blondine hat mit
ihrem Auto ein anderes
Fahrzeug gerammt.
Brüllt der Fahrer:
„Sie dummes Huhn!
Haben Sie überhaupt
eine Fahrprüfung
gemacht?"
Zischt die Blondine
laut zurück:
„Bestimmt öfter
als Sie!"

Die Polizei stoppt eine Blondine,
die zu schnell gefahren ist:
„Entschuldigung, dürfte ich
Ihren Führerschein sehen?"
Blondine: „Was ist ein Führerschein?"
Polizist: „Das Ding, in dem Ihr Bild drin ist."
Die Blondine holt ihren Schminkspiegel
raus und gibt ihn dem Polizisten.
Der schaut in den Spiegel
und sagt: „Oh, hätte ich gewusst,
dass Sie von der Polizei sind,
hätten wir uns das sparen können."

Zwei Blondinen warten auf den Bus.
„Mit welcher Linie fährst du?",
will Mathilda wissen.
„Mit der Fünf. Und du?"
„Mit der Eins."
Auf einmal kommt
die Buslinie 51 angedüst.
„Ich hab eine Idee,"
sagt Mathilda zu Lina.
„Fahren wir doch zusammen!"

Fahren zwei Blondinen
mit dem Auto die Landstraße entlang.
Plötzlich bleibt das Auto stehen.
Fragt die Beifahrerin besorgt:
„Eva, was ist denn jetzt passiert?"
Antwortet Eva:
„Ach, das Benzin ist alle."
Sagt die Beifahrerin voller Bewunderung:
„Mensch Eva, du kennst dich
ja mit Autos aus, ich wäre
doch glatt weiter gefahren!"

Eine Blodine fährt
durch Ägypten.
Als sich ihr Auto
überschlägt und
im Nil landet,
tauchen plötzlich
KROKODILE auf.
Auf einmal schreit
die Blondine:
„Wie geil ist das denn,
Rettungsboote
von LACOSTE!"

Was sagt eine Blondine,
wenn man sie fragt,
ob der Blinker
noch an ist?
„Der Blinker ist
an, aus, an,
aus, an, aus …"

Eine Blondine stoppt an
einem Verkehrsschild.
Ein Obdachloser klopft an ihre Scheibe
und fragt nach einer Zigarette.
Sie gibt ihm eine und fährt weiter.
Als sie wieder an einem
Verkehrsschild anhält, klopft
der Obdachlose wieder
und fragt nach Feuer.
Sie gibt ihm Feuer und fährt los.
Als sie erneut an einem
Verkehrsschild stoppt, klopft
der Obdachlose wieder an ihre Scheibe.
Sie fragt ihn: „Wie machst du das,
dass du immer, wenn ich anhalte,
neben meinem Wagen stehst?"
Der Obdachlose antwortet:
„Gib mir 20 Euro und ich
helfe dir aus dem Kreisverkehr!"

Warum hält eine Blondine
mitten auf der Autobahn
plötzlich an?
Weil das Navi
„bitte warten" sagt!

WAS MACHT EINE BLONDINE NACH BESTANDENER FÜHRERSCHEINPRÜFUNG ALS ERSTES? SIE KAUFT SICH EINEN DEOROLLER!

Zwei Blondinen versuchen
mit einem Draht ihr Auto zu öffnen,
in dem sie versehentlich
den Schlüssel stecken gelassen haben.
„Ich krieg es nicht auf", sagt die erste.
Meint die zweite: „Versuchs noch mal
und beeile dich bitte,
es fängt gleich an zu regnen
und das Verdeck ist noch offen!"

Eine Blondine hat ein Auto mit Beule.
Ein Mann will einen
Spaß machen und sagt:
„Du musst in den Auspuff pusten,
damit die Beule rausgeht."
Die Blondine tut das.
Kommt eine andere Blondine vorbei:
„Du musst das Fenster zumachen.
Sonst pustest du ja umsonst."

120

Geht eine Blondine in den Buchladen:
„Ich möchte gerne ein Buch kaufen."
Der Verkäufer fragt:
„Soll es etwas Leichtes sein?"
Darauf antwortet die Blondine:
„Es geht schon,
ich bin mit dem Auto da."

Fragt eine Blondine:
„Wie weit fährt man eigentlich
von München nach Bayern?"

Werte Fahrradfahrer!
Was sieht man als Autofahrer
bei Dunkelheit und Nässe
am wenigsten?
A) Yeti
B) Papa Schlumpf
C) Fahrrad ohne Licht

Ich lass mich jetzt abholen.
Wie so ein reicher Typ …
Oder wie jemand
ohne Führerschein.

Eine kluge Frau sagte einmal:
„Fährst du rückwärts an den Baum,
verkleinert sich der Kofferraum."

In Dresden steht ein Smart
mit Bremer Kennzeichen.
Da könnt ihr mal sehen,
wie weit es die Dinger weht,
wenn ihr die nicht
richtig ankettet.

DIESE LAMPE HAT IN MEINEM AUTO AUFGELEUCHTET …

ICH HABE 3 WÜNSCHE GEÄUSSERT!

Dieser Moment,
wenn dein Auto komische
Gerausche von sich gibt,
du selbstbewusst
die Motorhaube öffnest
und dir denkst:
„Scheibenwasserbehälter-Deckel
ist zu und der Motor
ist auch noch da."

Warum haben Frauen eine
höhere Lebenserwartung als Männer?
Weil Gott ihnen die Zeit
gutschreibt, die sie
zum Einparken brauchen.

„Schau doch bitte
mal nach, ob meine
Bremslichter funktionieren."
„Vorne oder hinten?"
Die Menschheit wird
definitiv aussterben.

„Verpiss dich von der linken Spur,
du Hackfresse!"
Da ich gerade keinen
Führerschein habe,
beschimpfe ich halt
die Leute auf der Rolltreppe.

Heute ist mir aufgefallen,
dass ich mit Essen auf dem
Beifahrersitz vorsichtiger fahre,
als mit einem Menschen.

Autofahrer zum Bauern:
„Ich habe Ihren Hahn überfahren
und möchte ihn ersetzen."
Meint der Bauer:
„Ok, dann krähen Sie morgen früh
um 6 Uhr auf dem Misthaufen."

Ich lasse seit Neuestem
immer die Scheibenwischer
beim Parken an, damit ich
keinen Strafzettel bekomme.

Liebestest:
1. Geh zum Auto.
2. Schließe deine Frau
und deinen Hund im Kofferraum ein.
3. Warte 20 Minuten.
4. Öffne den Kofferraum.
Wer freut sich?

Beim Vorstellungsgespräch
um 9 Uhr morgens:
„Wollen Sie etwas trinken?"
„Nein danke, ich bin
mit dem Auto da."
Das Gespräch war schneller
vorbei als ich gedacht habe.
Ich habe aber ein super Gefühl!

Keine Sau braucht
selbstfahrende Autos.
Wir wollen Roboter,
die morgens für uns aufstehen,
zur Arbeit gehen und
nachmittags die Bude putzen.

Er: „Ich komme dich
um 17 Uhr abholen. Ich hupe,
wenn ich unten bin."
Sie: „Kommst du mit dem Auto?"
Er: „Nein, nur mit der Hupe."

Chuck Norris benutzt
einen Porsche 911 –
als Schlüsselanhänger.

FAHRE NIE SCHNELLER

ALS DEIN *Schutzengel*

FLIEGEN KANN!

Eine hübsche Frau
hat mich gerade nach
meiner Nummer gefragt.
Dafür musste ich nur
ihr Auto mit meinem Auto berühren ...

90 – 60 – 90
Ich, wenn ich an
einem Blitzer vorbeifahre.

Der Richter ermahnt
die Dame im Zeugenstand:
„Sie wissen, welche
Strafe Sie für eine
Falschaussage bekommen?"
„Ja, Herr Richter,
10 000 Euro und ein Cabrio!"

Gegen drängelnde Cabriolet-Fahrer
hinter euch hilft ein beherzter Griff
zum Scheibenwischer.

Ich: „Kann man bei meinem Auto
noch etwas retten?"
Mechaniker: „Ja,
theoretisch könnte man
ein neues Auto zwischen
die Nummernschilder schrauben."

Oben ohne heißt nicht immer
Cabrio oder nackte Brüste.
Es gibt Leute,
die haben da wirklich nichts!

In der Autowerkstatt:
„So teuer sind die neuen Bremsen?"
„Ja, tut mir leid …"
„Können wir die Hupe
nicht einfach lauter machen?"

Wenn du keine Lust hast
aufzustehen, denk dran:
Jeder Tag ist eine neue Chance,
die Firma anzuzünden.
Oder zumindest
das Auto vom Chef …

Tesla bringt nächstes Jahr
ein neues Auto namens
„MODEL Y" heraus.
Bisher gibt es „MODEL S",
„MODEL 3" und „MODEL X".

S, 3, X, Y.

Chapeau, Elon Musk.

Wie man seitwärts einparkt:

1. Parke woanders

Mein Auto steht nicht schief, ich parke nur nicht Mainstream.

Ich: „Die Lücke sieht doch gut aus."
Sie: „Da pass ich niemals rein!"
Wir fuhren also weiter
und ein Airbus A380
schnappte sich den Parkplatz.

Dieser Moment, in der Schweiz
geblitzt zu werden …
unbezahlbar!

Jedes Mal, wenn ein Vogel
auf mein Auto scheißt,
gehe ich auf meine Terrasse
und esse Rührei,
einfach nur um zu zeigen,
wer hier der Boss ist.

Solange selbstfahrende
Autos einander nicht
beschimpfen können,
will ich noch keins haben.

Aussteigen und den netten Fahrer,
der die Ampelphase verpennt hat,
ruhig mal fragen,
ob seine Farbe
nicht dabei gewesen ist.

Gucke gerade einen Horrorfilm.
Der Killer sitzt im Auto
auf der Rückbank und wartet
auf sein Opfer. So was kann mir
im Smart nicht passieren.
Nur Vorteile so ein kleines Auto.

Wenn unter mir
kein Auto parkt, kann
ich nicht ...

Was erhält jemand, der dreimal durch die Führerscheinprüfung fällt?

☐ Ein gelbes Nummernschild.
☐ Einen Wohnwagen, damit er
   nicht schneller als 30 km/h
   fahren kann.
☐ Und einen NL-Aufkleber
   (never learned).

Frauen, die denken,
dass Männer keine liebevolle,
verantwortungsvolle Beziehung
führen können, waren wohl
noch nie in einer Autowaschanlage.

Dein Nachbar kratzt morgens
länger am Auto, wenn
ihr es am Abend vorher
mit Wasser übergießt.

Chuck Norris fährt in England
auf der rechten Seite!

Wenn ich es eilig habe,
habe ich vor mir …
… Schwertransporter.
… eine Fahrschule.
… Carl Napp mit dem Handkarren.
… einen Igel mit Bügeleisen.
… jemand, der glaubt, eine
Schneeflocke gesehen zu haben.

Wenn ein Blitz
in ein Elektroauto einschlägt ...
ist es dann vollgetankt?

Dieses tolle Gefühl,
wenn man eine nervige Fliege
im Auto mit in eine andere Stadt
genommen hat und man weiß,
dass sie beim Aussteigen
doof gucken wird, weil sie
realisiert, dass sie sich jetzt
ein Busticket zurück kaufen muss.

Meine Reaktion auf Lichthupe:
1. langsamer fahren
2. noch langsamer fahren
3. im Rückspiegel beobachten,
wie sich der Idiot aufregt
4. sich freuen

Fakt ist:
Der Marktführer für
Elektroautos in Deutschland
ist immer noch Carrera.

„Papa, dürfen Michael
und ich heute Abend
deinen Wagen haben?"
„Geht nicht, Susi.
Im Tank ist kaum noch Benzin."
„Ach, das macht nichts, Papa.
Wir fahren den Wagen
sowieso nicht aus der Garage!"

„Ich habe gehört,
du hast jetzt ein Navi?"
„Ja, das Verfahren
wurde eingestellt!"

Tierforscher erklären,
Affen würden Werkzeuge benutzen.
Ich glaube sogar, sie fahren Auto.
Morgens.
Vor mir auf dem Weg zu Arbeit.

Ich bin ein ekelhaft
opportunistischer Verkehrsteilnehmer:
Als Fahrradfahrer
hasse ich Autofahrer,
als Autofahrer hasse
ich Fahrradfahrer
und zu Fuß hasse ich einfach alle.

Ein Tempolimit
von 130 km/h
ist vollkommen
ausreichend.
Nur für außerorts
muss dann noch
eine Lösung
gefunden werden.

Frau bei IKEA:
„Passt der Schrank
auch in mein Auto?"
„Was fahren Sie für ein Auto?"
„Ein grünes!"
„Nein, dann passt er nicht!"

Kommt ein Student zu spät
in die Vorlesung.
Ermahnt ihn der Professor:
„Sie sollten in Zukunft
etwas schneller fahren!"
Antwortet der Student:
„Aber genau deswegen
bin ich doch zu spät!"

ICH MUSSTE SO ALT WERDEN,
UM ZU ERKENNEN, DASS STAU
STEHENDE AUTOS BEDEUTET.

Smalltalk auf dem IKEA-Parkplatz
beginnt man am besten
mit einem beherzten:
„Na, waren die Augen
mal wieder größer
als der Kofferraum?"

Danke Zeitumstellung!
Endlich geht die Uhr
in meinem Auto wieder richtig!

Ich will nicht sagen,
dass mein Auto sehr gelb
vom Blütenstaub ist,
aber als ich an der Ampel stand,
hat mich ein Fußgänger gefragt,
ob ich seine Post mitnehmen kann.

Ich lenke mit der linken Hand
mein Auto, da wird mir plötzlich klar,
dass mein Leben
von einem Körperteil abhängt,
mit dem ich nicht mal Suppe essen kann.

In unserer Straße hat ein
neuer Fotograf aufgemacht.
Bisschen teuer,
dafür kann man aber
im Auto sitzen bleiben.

**WENN DU MICH
MIT DEINEM AUTO
BEEINDRUCKEN WILLST,
SOLLTE ES EIN EISWAGEN SEIN.**

Vorhin hörte man
den Eiswagen bimmeln
und ein kleiner Junge rief:
„Hör mal, Papa,
Kirchenglocken!"
Das wäre auch
meine Religion, mit dem
heiligen St. Stracciatella.

Wenn sich Leute unberechtigt
auf den Behindertenparkplatz stellen
und dann aus dem Auto springen,
rufe ich gerne so laut,
damit jeder es mitbekommt:
„Preiset den Herrn! Eine Wunderheilung!
Dieser Mensch kann wieder gehen!"

Wenn ich mal eine KFZ-Werkstatt
aufmache, dann nenne ich sie
„Autokorrektur".

Eine kurze Frage,
weil ich heute einen BMW
als Leihwagen habe und
auf die Autobahn muss:
Was macht man zuerst?
Lichthupe oder auf einen Meter
dicht auffahren?

Meine Scheibenwischer
kennen auch nur zwei Stufen:
1. Faultier bei Paarung
2. Epileptischer Raver auf Speed

Bitte seid zur Weihnachtszeit
vorsichtig auf den Straßen!
Männer trinken oft
zu viel Glühwein und lassen
dann ihre Frauen fahren.

Dass du miserabel
Auto fährst, weißt du,
wenn dein Navi sagt:
„In 500 Metern bitte anhalten,
ich möchte aussteigen."

DEUTSCHE AUTOMARKE OHNE ABGASSKANDAL?

BOBBY-CAR

Der Autofahrer vor mir
hat gerade eine BANANE
aus dem Fenster geworfen.
Netter Versuch, aber ich bin mit
MARIO KART aufgewachsen.

Autofahren mit Hörbuch und Navi:
„Er packte sie am Hals,
drückte sie gegen die Wand
und flüsterte:
‚In 100 Metern bitte links abbiegen.'"

Was das Navi sagt:
„Die voraussichtliche Ankunftszeit
ist 21.44 Uhr."
Was Männer verstehen:
„Los! Gib Gas! Du musst die Zeit
unbedingt unterbieten!"

An alle Autofahrer, die nur das Fach „Singen und Klatschen" in der Schule hatten: Aus einer Ausfahrt kommen böse Autos!

Hier ist

Parken verboten!

Nicht 3 Minuten, nicht 10 Sekunden und auch nicht mit Parkscheibe!

Wie schwer deine Tasche
wirklich ist, merkst du erst,
wenn dein Auto dir sagt,
dass dein Beifahrer
nicht angeschnallt ist.

Habe heute bei der Arbeit
keinen Parkplatz gefunden.
Bin dann wieder heimgefahren.
Offensichtlich haben die
ja genug Leute!

Ein Arzt holt sein Auto
aus der Werkstatt ab.
Als er die Reparatur-Rechnung
sieht, schimpft er:
„Ihr Stundenlohn ist ja
viel höher als meiner!"
Darauf der Automechaniker:
„Sie haben ja auch seit
Adam und Eva das gleiche Modell.
Wir müssen uns dauernd
auf neue umstellen."

Im Smart werden
wenigstens beide
Ellenbogen braun.

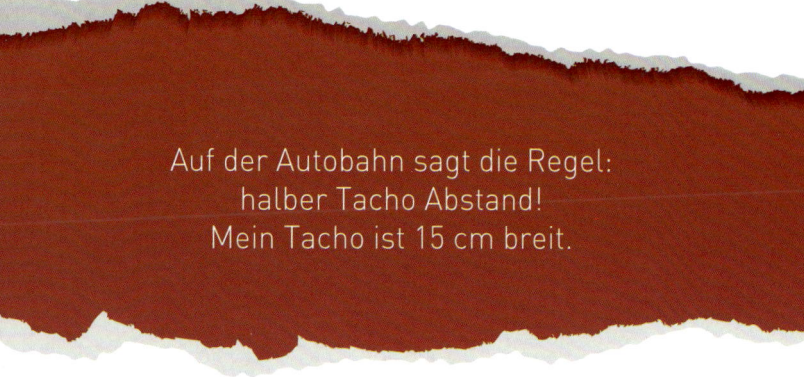

Auf der Autobahn sagt die Regel:
halber Tacho Abstand!
Mein Tacho ist 15 cm breit.

FAHRSCHULE 2.0
SICHERHEIT
NEU ERFUNDEN!

Heute einen Liebesbrief hinterm
Scheibenwischer gefunden.
Sooo süß!
Gelesen und weggeworfen.
War auch nicht für mich.
Habe auch kein Auto.

Ich habe letzte Nacht
einen Anhalter mitgenommen.
Sagt er:
„Haben Sie keine Angst,
dass ich ein Mörder sein könnte?"
Darauf ich:
„Haha, ne ... Die Chance,
dass gleich zwei Mörder
zur selben Zeit im selben Auto sitzen,
ist sehr unwahrscheinlich."

Immer diese
lächerlichen Schilder
am Straßenrand:
„Vorsicht, Kinder!"
Tzzz ... als ob
ich vor denen
Angst hätte.

Beim Tanken: 19,95 €
19,96 € ... 19,97 € ...
jetzt ganz vorsichtig!
... 19,98 € sehr vorsichtig
... 19,99 € ok, noch einmal
Atem anhalten ...
37,83 €
Gottverdammt!

Ich bin kein Fan von
Verschwörungstheorien,
aber ich hab noch nie ein Taxi
an der Tankstelle gesehen.

Tankwart:
„Hey!
Sie tanken
gerade Super!"
Dieselfahrer:
„Danke!"

Die Benzinpreise
lassen mich
völlig kalt,
ich tanke einfach
immer für 20 Euro!

Jaqueline, 21,
Sparfuchs

Deutsche Autobahnen:
Rechts: Lkws (80 km/h)
Mitte: Autos, die „die rechte Spur
ist Lava" spielen (auch 80 km/h)
Links: Formel 1 (300 km/h)

Eine Dame kommt in die Autowerkstatt,
um ihren Wagen abzuholen.
„Ich habe die Kerzen ausgewechselt,
sie waren total hinüber",
sagt der Mechaniker.
Da schüttelt die Frau den Kopf und sagt:
„Das verstehe ich nicht, ich bin
doch immer nur bei Tag gefahren!"

ES GIBT ZWEI ARTEN VON MENSCHEN

Verdammt,
ich muss tanken!

Ich kenne
mein Auto!

Der Trick auf Autobahnen ist ja,
auf der linken Spur
ein bisschen schneller zu fahren
als die anderen.
Ist aber geheim.

Immer diese Raser
auf den Autobahnen!
Schlimm ist das!
Da dauert es ja ewig,
bis ich die überholt habe!

Eine kurvenreiche Landstraße,
48 Möchtegern-Raser
hinter einem Traktor.
Oder wie wir es auf dem Land nennen:
Das Safety-Car ist draußen.

Auf deutschen Autobahnen
hat die Lichthupe viele Bedeutungen:
• Achtung, ich bin schnell!
• Ich will dich überholen, weg da!
• Fahr rechts oder gib Gas!
• Weg von der linken Spur,
du lahme Schnecke!
Ok, vielleicht hat sie doch
nur eine einzige Bedeutung …

Ob dein Tacho richtig geht, siehst du, wenn das Licht angeht.

Haben Sie beim Autofahren
schon bemerkt, dass jeder,
der langsamer fährt als Sie,
ein Idiot ist und jeder,
der schneller fährt, ein Verrückter?

George Carlin
US-amerikanischer Komiker und Schauspieler (1937–2008)

Ich bin ENOrm kurzsichtig.
Glauben Sie mir:
Es ist für die GEsundheit
meiner Mitmenschen
besser, WENN ich das
autofahren sein lasse.

Robbie Williams
britischer Sänger (*1974)

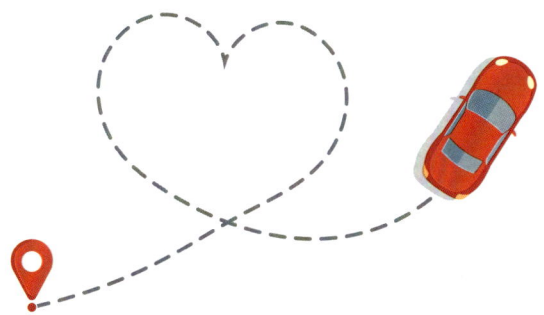

Man kann ein Auto nicht
wie ein menschliches Wesen behandeln –
ein Auto braucht Liebe.

Walter Röhrl
deutscher Rallyefahrer (*1947)

Wo der Mann einer Frau
die Autotür öffnet,
ist entweder die Frau neu –
oder das Auto.

Henry Ford
US-amerikanischer Automobilpionier (1863–1947)

Bevor ich zu einem Betrunkenen
ins Auto steige,
fahre ich lieber selbst.

Stevie Wonder
US-amerikanischer Soul- und Pop-Sänger (*1950)

Die einzige Frau,
auf die ich höre,
ist die aus dem Navigationssystem
in meinem Auto.

Dieter Bohlen
deutscher Musikproduzent und Songwriter (*1954)

Im Bier sind weibliche Hormone.
Trinkt man zu viel davon,
redet man wirr und
kann kein Auto mehr fahren.

Craig David
britischer Sänger und Songwriter (*1981)

Die größte Gefahr im
Straßenverkehr sind Autos,
die schneller fahren,
als ihr Fahrer denken kann.

Robert Lembke
deutscher Journalist und Fernsehmoderator (1913–1989)

Ein Auto muss man
zuerst träumen.

Enzo Ferrari
italienischer Automobilrennfahrer (1898–1988)

ACHTUNG!

Wer hier parkt, erklärt
sich damit einverstanden,
dass dem Fahrzeug
aus allen Reifen die
Luft ausgelassen wird.

Die Füße eines Menschen
gehören auf die Pedale eines Autos.

Stirling Moss
britischer Automobilrennfahrer (1929–2020)

Können Sie sich eigentlich
noch an die guten alten Zeiten erinnern,
als es teurer war,
ein Auto zu fahren,
als es zu parken?

Mike Krüger
deutscher Komiker und Schauspieler (*1951)

Das Auto hat dem Menschen
die Freiheit versprochen,
aber durch die ungeheure Vermehrung
hat es die Freiheit wieder genommen.

Hellmuth Karasek
deutscher Buchautor, Film- und Literaturkritiker (1934–2015)

Ein Fußgänger ist ein
glücklicher Autofahrer,
der einen Parkplatz gefunden hat.

Joachim Fuchsberger
deutscher Schauspieler und Synchronsprecher (1927–2014)

Haste Kohle,
haste Autos,
haste Frauen!

Dieter Bohlen
deutscher Musikproduzent und Songwriter (*1954)

Mit den Menschen ist es
wie mit den Autos:
Laster sind schwer zu bremsen.

Heinz Erhardt
deutscher Komiker, Kabarettist und Schauspieler (1909–1979)

Pferdestärke waren eine
wunderbare Sache, als
nur Pferde sie hatten.

Unbekannt

Wenn du den Baum siehst,
in den du reinfährst,
hast untersteuert.
Wenn du ihn nur hörst,
hast übersteuert.

Walter Röhrl
deutscher Rallyefahrer (*1947)

Wer zu hart fährt,
ruiniert das Auto.

Michael Schumacher
deutscher Automobilrennfahrer (*1969)

Frauen arbeiten heutzutage
als Jockeys, stehen Firmen vor
und forschen in der Atomphysik.
Warum sollten sie irgendwann
nicht auch rückwärts
einparken können.

William E. Vaughan
US-amerikanischer Kolumnist und Autor (1915–1977)

Viele Menschen pflegen heute
ihr Auto besser als sich selbst.

Horst Seehofer
deutscher Politiker (*1949)

Wie ein Mann Auto fährt,
so möchte er sein.

Anna Magnani
italienische Filmschauspielerin (*1908–1973)

BULLSHIT-BINGO

Perfekt für lange Autofahrten: Meckernde Beifahrer und quängelnde Kinder machen bei diesem Spiel plötzlich sogar Spaß! Vielleicht erkennen Sie sich auch selbst wieder?

Ist es noch weit?	Mach die Musik leiser/lauter!	Ras doch nicht so!
Darf ich dein Handy haben?	Welche Stadt ist „PAN"?	Hast du das Schild nicht gesehen?
Grüner wird es nicht!	Lass das Fenster oben!	Ich will nur schnell die Nachrichten hören!
Ich sehe was, was du nicht siehst …	Ich muss mal auf Toilette.	Achtung, da ist ein Blitzer!

Es schadet im Leben nicht,
wenn man mehr zu Ende gemacht
hat als die Fahrschule.

Guido Westerwelle
deutscher Politiker (1961–2016)

Wenn man einem Sohn
das Auto leiht, muss entweder
der Sohn oder das Auto
alt genug sein.

Jack Lemmon
US-amerikanischer Schauspieler (1925–2001)

WENN DU MIT PAPAS AUTO
FAHREN DARFST:

Das Autofahren wäre
herrlich und obendrein
schier ungefährlich,
wir hätten nur verhindern sollen,
dass andre auch mal
fahren wollen.

Karl-Heinz Söhler
deutscher Publizist (1923–2005)

Ich habe viel von meinem Geld
für Alkohol, Weiber und
schnelle Autos ausgegeben ...
Den Rest habe ich einfach verprasst.

George Best
nordirischer Fußballspieler (1946–2005)

Alles außer Allrad
ist ein Kompromiss.

Walter Röhrl
deutscher Rallyefahrer (*1947)

Ältere Damen haben
beim Parken größere
Schwierigkeiten als jüngere,
weil ihr Gehör nachlässt.

Alberto Sordi
italienischer Schauspieler und Regisseur (1920–2003)

Stau ist nur hinten blöd – vorne geht es!

Unbekannt

Das Auto ist das bedeutendste
Wohlstandssymbol der Welt.

Giorgetto Giugiaro
italienischer Industriedesigner (*1938)

Wer später bremst, fährt länger schnell.

Unbekannt

Beim Beschleunigen müssen
die Tränen der Ergriffenheit
waagerecht zum Ohr hin abfließen.

Walter Röhrl
deutscher Rallyefahrer (*1947)

Die Kunst des Autofahrens:
so langsam wie möglich
der Schnellste zu sein.

Emerson Fittipaldi
brasilianischer Rennfahrer (*1946)

Parken verboten!

Widerrechtlich geparkte Fahrzeuge
werden kostengünstig in den Innenhof
geschleppt, zerlegt und die Teile bei

ebay.pl

versteigert!

STRAßENSCHILDER RICHTIG DEUTEN

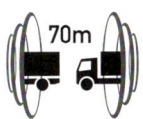

KONTROLLLEUCHTEN

Was blinkt denn da am Armaturenbrett?
Die wahre Bedeutung einiger Leuchten.
(Alle Angaben ohne Gewähr!)

Fontäne

betrunkener
Roboter

Wirbelsturm
im Auto

Geister

Alle Türen
sind offen,
du Idiot!

Hör auf, den
Wasserball überall
mitzunehmen!

Turbinen sind
aktiviert!

Wind im
Gesicht und
am Knie

Du bist
gefesselt!

R2D2

Let it go!

Wünsch
dir was!

Kometen

verwirrte
Kometen

verdammt
schnelle
Kometen

Viva España!

175